Sur les processus de production des Ex Libris

(Book Plates)

John Vinycomb

Writat

Cette édition parue en 2023

ISBN : 9789359258584

Publié par
Writat
email : info@writat.com

PRÉFACE.

En accédant à la demande de l'auteur d'ajouter quelques mots d'introduction à ces articles réimprimés, je le fais avec plaisir, tout en émettant une légère protestation à ce sujet, dans la mesure où l'auteur a si bien traité son sujet qu'il laisse très peu de choses à dire. , sauf pour faire l'éloge de l'ouvrage à la considération favorable de ceux pour qui il a été écrit.

M. Vinycomb a voulu, dans ces articles, donner à ses lecteurs une dissertation pratique sur les modes d'exécution, plutôt que sur l'histoire et la classification des styles dans la production des ex-libris ; et en cela il s'est certainement éloigné des sentiers battus, et a fourni un compte rendu très concis et clair des divers procédés par lesquels nos ex-libris sont produits et reproduits, et des méthodes nombreuses et ingénieuses de manipulation utilisées dans leur fabrication.

Certaines personnes pourraient s'opposer au mot fabrication, utilisé à cet égard, comme étant inapproprié pour décrire ce qui peut être défini comme l'un des arts modernes. Mais les termes, bien qu'ils ne soient nullement synonymes, sont en tout cas semblables ; car sans aucun doute la majorité des ex-libris sont conçus de manière artistique, mais pour leur reproduction et leur manipulation finale, il faut recourir à l'aide de la science.

M. Vinycomb , dans ses remarques d'ouverture, dit : « La production d'ex-libris, par quelque moyen que ce soit, n'est qu'une branche secondaire de l'art par laquelle des illustrations picturales et décoratives de toutes sortes sont exécutées, et des copies multipliées par certains des plus célèbres. procédés ordinaires d'impression. Il nous dit ensuite que si autrefois la gravure sur bois et la gravure sur cuivre étaient responsables de la plupart des ex-libris existants, « les progrès de la science moderne ont cependant changé tout cela, et nous pouvons maintenant posséder un charmant ex-libris, qui n'est gravé ni sur bois ni sur cuivre, et qui peut pourtant passer pour l'un ou l'autre, ou avoir des caractéristiques qui lui sont entièrement propres. Il faut cependant garder à l'esprit que beaucoup de gens ont une grande horreur des procédés de toutes sortes et ne peuvent se contenter de rien d'autre qu'un Ex Libris travaillé directement à partir du cuivre. Dans l'intérêt suprême de l'Art, ils ont sans aucun doute raison ; mais alors que seul l'homme riche peut acheter l'œuvre d'un maître ancien ou d'un peintre moderne, au moyen des procédés méprisés, ces mêmes œuvres d'art peuvent être mises entre les mains de tout le monde. Il s'agit cependant d'un sujet trop vaste pour être traité ici ; Pourtant, un coup d'œil aux pages du *Studio* et d'autres périodiques actuels devrait convaincre les plus sceptiques que les plus belles œuvres peuvent être produites par ces mêmes procédés. Il en est de même des ex-libris, l'œuvre de l'artiste étant reproduite en *fac-similé absolu* .

M. Vinycomb nous guide, dans ces pages, par étapes faciles, à travers les divers développements de la gravure, depuis les gravures sur bois grossières que l'on trouve dans les premiers livres imprimés jusqu'au travail magnifiquement fini de Dürer et d'autres maîtres de la gravure. Vient ensuite la gravure sur métaux et l'eau-forte ; et enfin nous entrerons dans les secrets des divers moyens adoptés pour la duplication des croquis d'artistes au moyen de blocs ou de transferts, à partir desquels un nombre illimité de copies peuvent être tirées. Il a, comme nous l'avons déjà dit, traité son sujet d'une manière éminemment pratique, afin que le plus petit débutant puisse comprendre les méthodes utilisées dans la multiplication des Ex Libris ; et grâce aux illustrations bien choisies et aux indications si dispersées dans ces pages, il est facile à ceux qui n'ont pas étudié l'art de la gravure et du travail des procédés d'acquérir une bonne connaissance du sujet.

Certaines des illustrations ont déjà paru en relation avec ces articles dans le *Journal Ex Libris* (Vol. III., pp. 151, 170 ; Vol. IV., pp. 17, 43, 57, 92) ; d'autres sont présentés ici pour la première fois ; mais ils sont tous bien calculés pour rehausser la valeur du travail de M. Vinycomb et pour montrer ce qui peut être fait par les diverses méthodes utilisées. En outre, on peut supposer avec certitude que tous les collectionneurs systématiques d'ex-libris seront heureux d'avoir sous cette forme pratique et indépendante un essai sur l'aspect pratique d'un sujet dans lequel ils n'ont peut-être abordé jusqu'à présent qu'un aperçu général. ou un intérêt sentimental.

Grâce à la création de la Société Ex Libris , la collection et la conservation des ex-libris ont désormais atteint une position proche d'une position scientifique, et dans les collections importantes et précieuses, il est devenu de plus en plus nécessaire de savoir comment classer et organiser au mieux les nôtres. acquisitions. Cette connaissance peut donc être mieux assurée en étudiant des œuvres telles que celles-ci, grâce auxquelles le collectionneur est capable de juger de l'âge et de la valeur d'une plaque, ou en tout cas de fixer une date approximative à celles-ci (et il y en a beaucoup).) qui n'ont pas de date imprimée permettant de fixer leur identité.

Ce petit ouvrage constitue un complément précieux à l'ouvrage récemment publié par M. Hamilton sur les « Ex-libris datés », dans lequel il traite de presque toutes les branches du sujet présentant le plus d'intérêt ou de valeur pour les collectionneurs, mais n'a, bien sûr, que peu d'intérêt. dire sur la production pratique d'Ex Libris – laissant cela à un expert en la personne de l'auteur du présent essai. Pour les graveurs pratiques, M. Vinycomb en a probablement dit trop, ou pas assez, ou peut-être ne leur a-t-il dit que ce qu'ils savaient déjà ; mais comme la majorité des collectionneurs ne peuvent être classées dans cette catégorie, on peut raisonnablement supposer que l'auteur a comblé une lacune dans la littérature sur les ex-libris qu'aucun écrivain précédent n'a tenté de combler, et que son œuvre sera considérée comme d'une grande valeur pour les collectionneurs. aux membres de la Société Ex Libris , et aux collectionneurs d'ex-libris en général.

WHK WRIGHT ,
rédacteur en chef *du journal Ex Libris* .

- 3 -

SUR LES PROCÉDÉS DE PRODUCTION DES EX LIBRIS.

Par John Vinycomb , AIRM

INTRODUCTION.

LA production d'ex-libris, par quelque moyen que ce soit, n'est qu'une branche secondaire de l'art par lequel des illustrations picturales et décoratives de toutes sortes sont exécutées et des copies multipliées par certains des procédés ordinaires d'impression. Sans entrer à ce stade dans les moindres détails de l'histoire de l'illustration picturale et de l'imprimerie, on peut affirmer brièvement que dans le passé, les seuls modes de reproduction disponibles étaient soit des blocs de bois gravés avec des lignes en relief à imprimer avec la typographie, soit par des plaques de cuivre gravées dont les lignes sont découpées dans la surface polie du métal et imprimées par la presse à plaques de cuivre (le *modus operandi* de chaque méthode sera expliqué plus loin).

Les procédés de production des Ex Libris – comme c'est maintenant la mode d'appeler ces délicates petites œuvres d'art que nous aimons tant collectionner et conserver – sont aujourd'hui si nombreux et si variés dans leur style et leur caractère de travail qu'il est impossible de les réaliser. totalement différents, mais dans de très nombreux cas, nous constatons que les résultats sont si semblables que seul un expert pratique peut, avec un certain degré de certitude, affirmer comment et par quels moyens ils ont été exécutés. Il n'est donc pas surprenant que le collectionneur, ce ramasseur de bagatelles inconsidérées, aussi profondément versé qu'il soit dans la littérature sur le sujet, car faute de certaines connaissances techniques, soit parfois mystifié et incapable de déclarer comment un spécimen particulier a été produit. Dans les exemples plus anciens, il n'y a que peu ou pas de difficulté à distinguer la différence entre une gravure sur bois et une impression sur plaque de cuivre ; il doit nécessairement appartenir à l'une ou l'autre de ces deux méthodes. Les progrès de la science moderne ont cependant changé tout cela, et nous pouvons maintenant posséder un charmant ex-libris, qui n'est gravé ni sur bois ni sur cuivre, et qui peut pourtant passer pour l'un ou l'autre, ou avoir des caractéristiques entièrement sa propre.

Certains récits de ces deux méthodes plus anciennes et de leurs développements ultérieurs, ainsi qu'une esquisse de certains des processus modernes nés de l'invention de la lithographie et de la photographie, intéresseront les collectionneurs d'Ex Libris ; en particulier, le procédé est très en vogue à l'heure actuelle pour les illustrations de livres de haut niveau, les magazines, les hebdomadaires illustrés, etc., au moyen desquels le dessin de l'artiste, grâce à une heureuse union de ces arts ultérieurs et de la science chimique, peut être traduit en une surface d'impression en métal ou autre matériau permettant de dégager des impressions par la presse à caractères, la presse à plaques de cuivre, par lithographie, ou par l'un des procédés photomécaniques, tels que le calotype, etc. Par référence à des exemples représentatifs, on espère permettre au collectionneur de se faire une idée assez précise du mode d'exécution d'œuvres similaires.

Quel que soit le mérite d'originalité ou de fantaisie que possèdent les exemples antérieurs, il est intéressant d'observer à quel point les ex-libris participent dans une large mesure au style ou à la mode dominants de l'époque. Par ce seul test, les collectionneurs sont amenés presque avec certitude à fixer une date approximative à laquelle ils ont été conçus et gravés. Encore une fois, avec quelle netteté le caractère de l'artiste apparaît sur le visage de chaque exemple, qu'il soit un « bas mécanicien » dans son métier, ou un véritable artiste, qui a prêté sa pensée et sa main habile pour embellir la bibliothèque de son ami ou client. . L'artiste lui-même, autrefois, homme généralement polyvalent et aux multiples facettes, s'est adapté à son travail et a élaboré ses idées . *avec amour* dans n'importe quelle direction où il pourrait être appelé, que ce soit pour peindre quelque grand tableau, pour dessiner et peut-être graver sur du bois ou du cuivre certaines de ses conceptions immortelles, ou simplement comme un simple ex-libris pour son ami et patron. . Cherchez quelque chose d'Albrecht Dürer . Un ex-libris de lui, gravé sur bois, pour son ami Bilibaldi Pirckheimer , constitue le frontispice du livre de l'honorable Leicester Warren sur « L'étude des ex-libris ». Des hommes comme Michel-Ange, qui pouvait varier son occupation dans toutes les phases de l'art, maintenant comme architecte, concevant et exécutant l'érection de la grande église Saint-Pierre à Rome, peignant les tableaux les plus grands et les plus sublimes, et en sculpture sans un rival, mais qui pouvait aussi amener son esprit élevé à considérer des œuvres de moindre importance. C'est à lui, à Hans Holbein et à d'autres artistes de haut rang que nous devons l'immense essor des beaux-arts à cette époque qui, à partir de la Renaissance de la littérature et de l'art aux XVe et XVIe siècles, dispersa progressivement les les ténèbres du moyen âge . Le dessin et la gravure sur bois furent portés à un haut degré de perfection, et une race d'artistes fut formée, qui se consacrèrent exclusivement à l'illustration des livres que l'art de l'imprimerie récemment inventé avait mis en réquisition.

La gravure sur bois, en complément des livres imprimés, fut la première forme dans laquelle le bon art fut popularisé : l'illustration de livres par des plaques de cuivre gravées fut un développement ultérieur, bien que cet art ne soit pas inconnu : plus tard, les illustrations sur cuivre entièrement remplacé le bois à cet effet.

Celui qui a soigneusement étudié les illustrations des premiers livres imprimés - depuis la marque de l'imprimeur sur la page de titre jusqu'au colophon - ne peut manquer d'être frappé par le style viril et vigoureux du dessin dans les coupes, démontrant une réelle compréhension du sujet et une maîtrise de l'art. détail, et même si nous pouvons être amusés par les vanités pittoresques et les lignes quelque peu grossières, nous ne pouvons qu'être charmés par la simplicité naturelle du dessin, bien que manquant presque entièrement de couleur locale . Dans l'enfance de l'art de la gravure sur bois, il s'ensuivait nécessairement qu'il devait y avoir quelque manque de raffinement dans l'exécution. Le graveur sur bois est né très jeune et a dû se frayer un chemin à travers une pratique fastidieuse pour acquérir les compétences et les connaissances nécessaires à son travail. L'artiste, au contraire, comme Minerve, est né pleinement équipé ou, pour être littéral, il existait déjà ; avec une expérience mûre, il adapta son savoir-faire aux exigences de l'art nouveau, la première et la plus importante étant que , les outils du graveur et le bois qu'il utilisait étant impropres aux petits détails, les lignes que l'artiste devait tracer sur le le bois doit nécessairement être *peu nombreux* et *bien choisi* .

L' assiette Brandebourgeoise, ou Buxheim , *vers* 1480.

[Le plus ancien Ex Libris était en fait lié à un livre imprimé.
Voir *Ex Libris Journal* , Vol. II., p. 71.]

Figure 4.— APPAREIL COMMUNEMENT ATTRIBUÉ À CAXTON.

LA MARQUE DE CAXTON.

GRAVURE SUR BOIS.

AU-DELÀ de donner une idée de ce qu'est la gravure sur bois et de la manière dont elle est réalisée, il ne s'agit ici que de faire référence aux débuts de l'art - un sujet sur lequel de gros volumes ont été écrits - ou d'entrer minutieusement dans le détails et modes d'exécution des travaux modernes. Pour ceux qui désirent de plus amples informations, des ouvrages spéciaux sur le sujet peuvent être consultés. [1]

GRAVURE SUR BOIS ET
GRAVURE SUR PLAQUE DE CUIVRE : LA DIFFÉRENCE.

La gravure sur cuivre, qui a presque entièrement supplanté le bois aux XVIIe et XVIIIe siècles, diffère en principe de la gravure sur bois en ce sens qu'une gravure sur bois présente les lignes du dessin en relief, le bois entre les lignes incisé ou coupé, de sorte que lorsque la surface est encrée, les lignes ainsi chargées donneront une impression sur le papier en frottant le dos ou en utilisant la presse à caractères. Dans la plaque de cuivre, les lignes sont découpées *dans* la surface polie du métal qui, une fois enduite d'encre d'imprimerie et la surface essuyée, laisse les lignes incisées remplies d'encre ; une empreinte est prise grâce à l'utilisation d'une presse spécialement adaptée à cet usage.

On verra que *l'impression de surface* est la nécessité et la caractéristique de la gravure sur bois. Simple et grossier à ses débuts, dû principalement aux moyens mécaniques imparfaits de couper le bois en lignes suffisamment fines ou exactes ; il fut d'abord employé dans la fabrication de cartes à jouer dont les contours étaient formés par des impressions faites sur des blocs de bois et dont la coloration était complétée à la main ou au pochoir. En Europe, la première application de cet art à l'illustration picturale a eu lieu en Allemagne vers la fin du XIVe ou au début du XVe siècle. La gravure sur bois la plus ancienne connue date de 1423. Elle représente saint Christophe portant notre Sauveur sur ses épaules à travers une rivière. D'autres spécimens, bien que non datés, ont été considérés comme ayant des prétentions supérieures à l'Antiquité en raison de leur plus grande grossièreté. Avec l'invention de l'imprimerie, l'art fit rapidement des progrès rapides et, grâce à l'introduction de caractères mobiles à imprimer en conjonction avec des blocs gravés, un nouvel élan fut donné à la production de blocs de bois gravés. Au début du XVIe siècle, plusieurs artistes célèbres étaient soit des dessinateurs sur bois, soit des graveurs . Les livres de cette époque étaient abondamment illustrés. Parmi les plus distingués de cette lignée se trouvait Albert Dürer , dont les productions de peintre et de graveur sur cuivre et sur bois sont si nombreuses qu'il n'aurait pas pu graver la dîme des gravures sur bois qui lui sont attribuées

; il a probablement seulement mis le dessin sur les blocs, laissant à d'autres le soin de les exécuter.

Cet art était principalement pratiqué en Allemagne, où il était patronné par l' empereur Maximilien, pour qui Burgmair a réalisé la grande œuvre « Les Triomphes de Maximilien ». Le prochain grand nom des annales de la gravure sur bois est celui de Hans Holbein, dont la « Danse macabre » fut imprimée à Lyon en 1538.

En Angleterre, Caxton a sorti son « Game and Playe of Chesse » en 1476, avec des coupures. Il y a aussi des gravures sur bois dans la « Légende dorée », 1483 ; « Fables d' Ésope », 1484 ; Les « Contes de Canterbury » de Chaucer et d'autres livres de son imprimerie, tous rares et de mauvaise exécution, mais remarquables dans l'histoire de l'art. De 1545 à 1580, la gravure sur bois a continué à être très utilisée pour illustrer des livres en Angleterre, principalement par John Daye. De cette période, il reste peu de choses d'importance essentielle jusqu'à l'apparition de Bewick , à qui il faut principalement attribuer le renouveau de la gravure sur bois.

COUPEUR DE FORME.

PREMIÈRE MÉTHODE DE GRAVURE SUR LE CÔTÉ DU BOIS AVEC DES COUTEAUX.

Au début de la gravure sur bois, le graveur utilisait à cet effet une plaque de bois à grain serré, d'une épaisseur appropriée pour imprimer des caractères : elle coupait le long de l'arbre, et non sur l'extrémité ou la section du bois comme dans travail moderne; et la découpe était nécessairement exécutée au couteau. La coupe pittoresque et grossière de la double page qui l'accompagne est un bon exemple des premières espèces de gravures sur bois et constitue le plus ancien Ex Libris connu.

Concernant le couteau comme instrument de coupe, MWJ Linton, dans son « Manuel de gravure sur bois », p. 28, dit : « Pour autant que j'ai pu le vérifier, à la seule exception possible des coupes des Fables de Croxall , 1722, toutes les gravures sur bois depuis les temps les plus anciens jusqu'à l'époque de Bewick ont été réalisées avec le couteau au lieu de graveurs. .»

Gravure sur bois grossière. (Taille actuelle.)

Le plus ancien Ex Libris connu. Il s'agit de Jean Knabensberg , dit Igler , aumônier de la famille de Schönstett . Il représente un hérisson avec une fleur dans la gueule. Sur la banderole, nous lisons : « Hanns Igler que tu Hérisson Embrasser . Sa date approximative est 1450. M. Ludwig Rosenthal, antiquariat de Munich, a en sa possession un exemplaire de cette planche rare, qu'il évalue à 600 marks. Voir « Les Allemands » de Warnecke Signets » (Ex Libris), 1890.

Extrait du Traité de Papillon, 1766.

Nous pouvons, dans une certaine mesure, nous rendre compte des difficultés rencontrées par les premiers graveurs sur bois à cet égard pour produire un travail de qualité, mais lorsque nous examinons les travaux ultérieurs des graveurs allemands et observons l'amélioration progressive de la grossièreté à un travail vraiment excellent, nous sommes étonnés que avec de tels handicaps, des résultats aussi splendides pouvaient être obtenus grâce au couteau. Le *Form-schneider*, comme on appelait le graveur d'images en bloc, augmentait en habileté et en dextérité en découpant adroitement le dessin exactement tel qu'il était dessiné sur le bois, et avec une extrême véracité ; en utilisant un bois plus fin et plus dur et des outils plus parfaitement adaptés au travail, l'art progressera à pas de géant, jusqu'à ce qu'à l'époque de Dürer et Holbein, il atteigne son summum d'excellence. Le buis était alors, comme aujourd'hui, utilisé, mais pour des travaux délicats uniquement, et coupé en planches. Pour les travaux plus importants, les bois plus tendres suffisaient : poiriers et pommiers, troènes, sycomores et tout bois blanc sur lequel on pouvait voir un dessin, le tout étant tracé ligne par ligne sur la planche ; La tâche du graveur consiste simplement à couper les espaces blancs entre les lignes, en coupant, comme je l'ai dit précédemment, avec des couteaux dans les espaces les plus petits, et avec des ciseaux et des gouges, en nettoyant les plus grands à une profondeur suffisante pour que l'encre s'échappe lors de l'impression.

PRESSE D' ASCENSIUS .

Petite gravure sur bois DE DÜRER , de la famille de Nuremberg des Kress de Kressenstein .

De nos jours, dans les livres en blocs savamment dessinés et gravés des Japonais, on trouve que les illustrations sont dessinées au pinceau sur *le côté* du bois et découpées au couteau ; mais nous ne sommes pas étonnés aujourd'hui de quoi que ce soit fait par ces gens merveilleux, qui nous ont coupé le souffle dans tant de formes d'art.

GRAVURE SUR BOIS MODERNE.

Pour comprendre l'étendue et la pratique de la gravure sur bois, il sera nécessaire de parcourir les publications illustrées d'il y a quelques années, avant que les blocs de traitement ne supplantent dans une large mesure le travail du graveur. L'immense popularité que l'art a acquise dans ce pays grâce à la création de l' *Illustrated London News* , *du Graphic* , *de l'Art Journal* , *du Magazine of Art* et de publications similaires, sans parler des illustrations de livres, a été remarquable. L'excellence de l'œuvre et l'infinie variété de styles introduits par les meilleurs artistes et graveurs la montrent capable de représenter toutes les qualités artistiques censées être propres à la gravure sur cuivre et sur acier ; il possède d'autres qualités, comme la puissance et la force dans les parties les plus sombres, et l'emploi du travail au trait blanc sur l'étain ou sur le sol solide, effets obtenus avec une extrême difficulté sur la plaque de métal.

Ex Libris gravé sur bois par Bewick , reproduit par procédé au bloc.

La gravure sur bois destinée aux travaux picturaux peut être divisée en deux sortes :

I.— TRAVAIL AU TRAIT NOIR ou FAC-SIMILÉ . — Le dessin sur bois est gravé exactement tel qu'il est dessiné, trait pour trait. Tous les exemples jusqu'à l'époque de Bewick , et un grand nombre depuis, sont de ce genre. Pour illustrer les meilleures qualités de ce style de gravure sur bois, aucun exemple plus approprié ne pourrait être cité que les caricatures et les dessins de *Punch* de Tenniel, Doyle, Leech et d'autres, avant l'introduction des blocs de processus de photodécoupe. (Bewick lui-même, artiste et graveur, s'écarta de l'ancienne manière grossière de la gravure sur bois en introduisant un nouveau style de travail, imitant plus fidèlement la couleur locale et les textures de la nature : dessinant le sujet du dessin sur bois au crayon et ensuite *teinté* dans les masses de nuances et de couleurs locales avec des lavis d'encre de Chine , et *avec le graveur* donnant toutes les marques caractéristiques et les détails les plus infimes par des lignes blanches sur le fond sombre. Dans ses coupes d'histoire naturelle, il a imité dans le plus d'une manière merveilleuse les textures des arbres, de l'herbe et des paysages naturels, le plumage des oiseaux, le pelage hirsute ou lisse des animaux, etc. Un certain nombre d'Ex Libris exécutés par lui sur bois ont la même manipulation caractéristique). Les deux gravures sur bois de Bewick sont reproduites par blocs de procédé. Bien qu'inférieures à nombre de ses coupes d'histoire naturelle, elles montrent assez le style et le caractère de son travail : l'exécution soignée des détails et l'utilisation de lignes blanches sur un fond noir uni.

(*De la collection de WHK Wright, Esq.*).

Gravure sur bois par Bewick .

II.— Travail ENCRÉ . — Dans ce mode le sujet est dessiné en TEINTES OU LAVAGES , et en partie au crayon. Pour réussir dans un travail de ce genre, pour interpréter fidèlement les idées de l'artiste, le graveur doit lui-même être un artiste d'une capacité considérable, car il doit adapter les lignes à l'œuvre, et c'est là que réside un jugement et une discrétion rares, car non seulement la direction de la ligne la plus conductrice pour développer la forme, mais la largeur et l'épaisseur des lignes et des espaces doivent être jugées avec précision ; les différentes qualités des surfaces doivent également être suggérées par les lignes gravées.

MATÉRIAUX ET MODE DE PROCÉDURE.

Le bois utilisé par les graveurs est le buis, en raison de son grain serré et de sa texture ferme ; il est principalement importé de Turquie, coupé transversalement ou dans le sens du fil (de sorte que la gravure se fait à l'extrémité du bois). Il a une épaisseur de sept huitièmes de pouce (hauteur du type). Il présente une surface magnifiquement lisse et coupe sous le graveur avec la plus grande clarté et finesse. La surface polie du bois étant impropre au dessin, une légère « dent » lui est donnée par un peu de blanc d'aquarelle frotté sur la face du bloc avec la pointe du pouce jusqu'à ce qu'il soit presque sec, lorsqu'il présente un aspect agréable. surface pour le crayon.

Le dessin ou le dessin ayant été esquissé et perfectionné sur papier, il est ensuite tracé à l'envers sur le bloc de bois, et le dessin est ensuite élaboré, soit en fac-similé au trait noir, soit en teintes, selon le cas. Le *crayon à mine noire* , d'une dureté de mine suffisante pour supporter la pression sur la surface solide, est l' instrument de prédilection pour le dessin. Pour teinter, on peut utiliser soit le crayon, soit le pinceau avec des lavis d'encre de Chine .

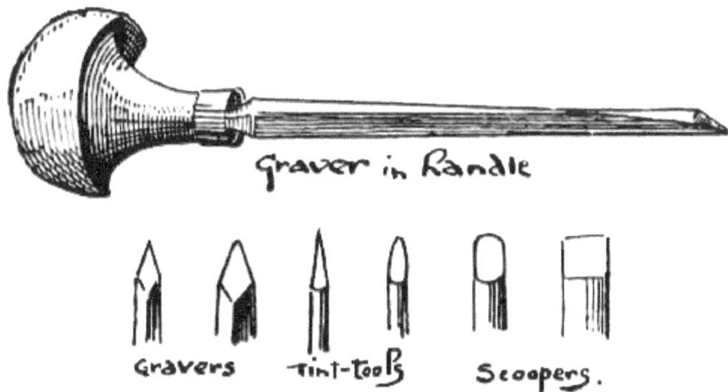

Les outils utilisés sont *des graveurs* , *des outils à teinter* et *des pelles* , ou des outils de découpe, en tout environ une douzaine de tailles différentes ; les différents types sont indiqués ici. Avec les graveurs le contour et tous les détails sont découpés ; les teintes, grâce auxquelles les tons appropriés ou la lumière et l'ombre sont obtenues, peuvent être mieux rendues avec des outils de teinte de différentes largeurs de coupe . Les parties qui n'ont pas besoin d'être imprimées sont creusées avec des scoopers. On comprend que tous les blancs ou parties blanches d'une gravure ont été découpés dans le bloc.

Mode de gravure sur bois.

Il y a plusieurs *et ceteras* également requis par le graveur, comme une pierre à huile pour aiguiser ses graveurs ; un verre à lunettes, pour graver un travail très fin ; un petit sac de sable circulaire, sur lequel le bloc est maintenu pendant qu'il est gravé ; un instrument appelé brunisseur, avec lequel prendre des épreuves. Un globe de verre rempli d'eau, pour concentrer la lumière d'une lampe ou d'un jet de gaz sur le bloc, est utilisé la nuit.

La gravure étant terminée, la surface du bloc est encrée très légèrement avec de l'encre d'imprimerie, et un morceau de papier de Chine, ou tout papier fin de qualité similaire, étant posé dessus, une impression est prise en frottant le papier avec le brunisseur jusqu'à ce que il est entièrement imprimé. A partir de cette preuve, le graveur peut juger si des modifications sont nécessaires et quelles améliorations peuvent être apportées .

La renaissance de la gravure sur bois par Bewick et d'autres, et le haut état de perfection auquel elle avait été portée par ses successeurs immédiats, ont dans une très large mesure remplacé la gravure sur cuivre pour les illustrations de livres, bien que pour Ex Libris, la gravure sur cuivre ait été utilisée , et occupe toujours sa place de style principal et préféré à juste titre .

Crest Ex Libris de R. Day , FSA , Cork .

Gravé par CW Sherborn et imprimé directement à partir de la plaque de cuivre.

GRAVURE SUR CUIVRE
ET ACIER.

OÙ seront désormais les égaux de ces glorieuses éditions des poètes, des «Annuals», des «Souvenirs», des «Livres de Beauté» et autres volumes délicieux qui charment encore les yeux et réjouissent le cœur de ceux qui ont le goût et l'esprit? les posséder ? En tant qu'œuvres d'art de la plus haute qualité, elles n'ont jamais été égalées depuis pour la beauté de leur travail, avec leurs titres gravés, leurs frontispices et leurs illustrations dans le texte, dessinées par Stothard , Turner, Creswick, Stanfield, Harding et une foule des premiers noms dans l'art britannique, et gravés de la manière la plus rare et la plus exquise par des hommes également éminents dans leur lignée. Les «gravures sur bois», cependant, les découpaient pour l'époque, en raison de l'excellence à laquelle l'art avait atteint et de la plus grande rapidité et du meilleur marché de l'impression.

ASSIETTE DE LIVRE KRESS.
(Voir *Ex Libris Journal*, Vol. IV., p. 9.)

Gravé sur cuivre par Hans Troschel , 1699.
Reproduit par bloc de traitement.

Dans tous les changements et inventions dans les modes de reproduction artistique, la plaque gravée s'est toujours imposée comme la plus aboutie et la plus parfaite. Pour Ex Libris, il est particulièrement adapté ; c'est *par excellence* LE STYLE pour atteindre la plus haute qualité artistique.

L'Art Journal , soutenu par une ou deux publications similaires, s'est héroïquement efforcé de maintenir les traditions de la meilleure période de l'Art dans ses illustrations sur plaque d'acier, mais, à l'exception des images de ce genre et de plus grand format pour l'encadrement, les illustrations On peut dire que l'utilisation de l'acier et du cuivre pour les livres est pratiquement éteinte.

Le temps, cependant, a sa revanche : la gravure sur bois, à son tour, est rapidement supplantée par des « *blocages de processus* » (dont nous parlerons plus loin), et maintenant, si nous examinons un livre ou une revue illustrée récente, nous trouvons la majeure partie de les images et les dessins ne sont pas des gravures sur bois mais des blocs de processus.

Dans toute bonne collection d' Ex Libris, la majorité des exemples sont imprimés à partir de plaques gravées, un très petit nombre étant constitué de blocs de bois. La raison n'est pas loin d'être recherchée. La gravure sur bois telle qu'elle était pratiquée en Angleterre avant le début du siècle actuel était de mauvaise exécution et ne se prêtait pas suffisamment à l'élaboration de détails minutieux avec la même facilité et la même rapidité avec lesquelles ils peuvent être exécutés sur cuivre.

Gravure Pure Line de Robert White,
d'après une peinture de Sir Godfrey Kneller.

Reproduit par bloc de processus.

disgrâce , montre également que c'était le mode de production préféré de ces petites œuvres délicates . Jusqu'au début du siècle actuel, lorsque Bewick et d'autres l'avaient élevée au rang d'art raffiné, la gravure sur bois était dans un état extrêmement grossier. et peu adapté aux petits travaux. La gravure sur cuivre, au contraire, était florissante depuis plusieurs siècles ; tout orfèvre était capable de « *ciseler* » et de graver des œuvres décoratives et héraldiques sur de l'argenterie et des œuvres d'orfèvrerie, ou sur des métaux de toute sorte, en relief ou en taille-douce, comme sur des médailles, des pièces de monnaie, etc. nous savons par des preuves historiques, ainsi que par une comparaison minutieuse de la « *manipulation* », ou de la manière de découper les lignes sur l'argenterie, qui est identique au style de découpe des lignes dans tant d'ex-libris gravés du dernier et au début du siècle actuel. Quoi qu'on puisse penser des caprices des accessoires dans les styles jacobéen, chippendale et autres styles apparentés - qui sont essentiellement des motifs de gravure sur argent - une grande partie de cette classe d'œuvres montre au moins un véritable esprit héraldique dans le traitement des charges.

Un modèle Chippendale . Style de travail du graveur sur argent,

reproduit par bloc de processus.

Benvenuto Cellini, dont les œuvres rapportent aujourd'hui des prix fabuleux en orfèvrerie, était également un graveur expert, comme l'étaient probablement la plupart des ouvriers dans le domaine des métaux précieux de son époque. Hogarth, au début de sa carrière, fit beaucoup en gravant des armes, des écussons, etc., pour les orfèvres ; Bewick aussi , qui travaillait indifféremment le bois et le métal . L'écrivain a réalisé une bonne part de travaux similaires dans sa jeunesse ; et à sa connaissance, c'était l'habitude dans de nombreux établissements que les graveurs fassent les deux, selon les exigences du travail, bien que la tendance, lorsque le travail était abondant, soit de se spécialiser, chacun faisant le rôle pour lequel il semblait avoir une aptitude . Cela concerne particulièrement les travaux plus graves ; le graveur pictural exécute son travail principalement au moyen du procédé de gravure et ne termine qu'avec le graveur.

Il ne fait aucun doute qu'une pratique permanente dans une catégorie particulière de travaux de ce genre est de nature à restreindre une manière rigide et formelle et à créer des modèles qui deviendraient stéréotypés, n'étaient les changements capricieux de la mode ; tantôt elle se développe lentement, tantôt une nouvelle mode s'installe tout à coup et change tout ; le dernier chassant le premier hors du terrain, pour ensuite être écarté à son tour. Les styles d'ornement, à mesure qu'ils se succèdent au fil du temps, laissent invariablement leurs marques de crue sur la marge, qui servent de données précieuses pour l'étudiant ; les styles dominants de l'art décoratif et héraldique, ayant, comme toutes les choses du monde, leurs périodes de développement, d'épanouissement et de décadence, dont les collectionneurs d'ex-libris, aidés par des spécimens datés, parviennent à déterminer avec assez de certitude les dates.

La prédominance d'un style particulier, sa vogue et sa durée, s'expliqueront dans une large mesure par l'air de famille observable dans tant d'ex-libris ; Les principaux facteurs, cependant, peuvent être attribués au faible état général de l'art, au manque de designers et de graveurs de mérite et à l'abondance de l'article ordinaire : l'artisan mécanique.

Gravure Pure Line, reproduite par bloc de processus.

Quant à l'histoire et au développement des styles dans Ex Libris, une référence aux travaux de l'honorable J. Leicester Warren, J. Paul Rylands, FSA, Egerton Castle, MA, FSA, WJ Hardy , et aux pages d' Ex *Libris Journal* , trouvera le sujet exposé pleinement et clairement.

Un mot sur l'origine et l'histoire de la gravure sur cuivre. L'art de la gravure sur plaques de métal, pour prendre des impressions sur papier, a été pratiqué pour la première fois par Tommaso Fineguerra , un orfèvre florentin, vers 1460. Certains auteurs ont revendiqué l'invention pour l'Allemagne, mais on considère généralement que cet art a été pratiqué pour la première fois. en Italie, et a son origine dans les ateliers de l'orfèvrerie. Un assistant aurait suggéré à Fineguerra la possibilité de prendre une empreinte d'un dessin gravé avec de l'encre sur du papier humide. *Le premier livre imprimé à Rome* était illustré par *la première gravure sur planche* . Ce travail est daté de 1478, mais a commencé en 1472. La gravure a fait des progrès rapides vers l'excellence en Allemagne. Albert Dürer était un homme dont l'universalité du talent repoussait les frontières de tous les domaines de l'art et les portait à un degré de perfection jusqu'alors inconnu. Il maîtrisait parfaitement le graveur et portait ses assiettes à un état de finition supérieur à celui de ses contemporains italiens. On croit aussi qu'il a inventé l'art de la gravure par corrosion : en examinant ses gravures, on voit qu'elles ont toutes été corrodées d'un seul coup, ce qui explique suffisamment leur aspect monotone, et prouve que le « stop - *out* » n'était pas alors compris. Nous devons aux écoles hollandaise et flamande de nombreux progrès dans cet art. La célébrité de l'école française date du temps de Louis XIV. Gérard Audran fut le premier graveur qui réussit à unir dans une certaine mesure l'utilisation du graveur et de la pointe de gravure. L'école anglaise de gravure ne date que du milieu du XVIIIe siècle, avant lequel ceux qui pratiquaient cet art en Angleterre étaient pour la plupart des étrangers. Hogarth a gravé plusieurs de ses propres dessins. Francis Vivares a introduit l'art de la gravure de paysage : lui, Woollet et Brown ont réalisé certaines des premières gravures de paysage existantes. Sir Robert Strange excellait dans la gravure de portraits. Parmi les modernes qui ont atteint une notoriété dans les diverses branches de l'art, leur énumération même conduirait à une longueur inutile, le but actuel étant principalement de décrire les processus.

Gravure Pure Line, reproduite par bloc de processus.

Gravure au trait de William Hogarth,
reproduite par bloc de traitement.

L'ex-libris de William Hogarth.
Gravure au trait, reproduite par bloc de procédé.

LES DIFFÉRENTS MODES DE GRAVURE SUR PLAQUE DE CUIVRE ET D'ACIER.

Il existe de nombreux types de gravure sur acier et sur cuivre destinés à l'impression par presse à plaques sur cuivre. Nous préciserons ceux principalement en usage et indiquerons leurs principales caractéristiques ; par la suite, des explications supplémentaires peuvent être nécessaires. On peut affirmer ici que les divers processus sont d'une nature tellement technique qu'il serait impossible d'en expliquer brièvement tous les détails d'exécution ; Nous pouvons cependant renvoyer ceux qui désirent approfondir le sujet à un excellent petit manuel (prix un shilling) publié par Winsor et Newton, [2] qui, comme indiqué dans la préface, permettra, au moyen de l'un des modes de gravure sur cuivre traité, permettent à toute personne « compétente en dessin à la plume et à l'encre de reproduire ses dessins avec une plus grande délicatesse et une profondeur d'effet supplémentaire ». Il existe d'autres livres sur le sujet, plus coûteux, comme le splendide ouvrage de Hamerton , mais pour l'amateur, le petit manuel pratique que je viens de citer est un guide admirable.

Richard Southcote Mansergh.
Tipperary.

Transfert, directement de la plaque gravée sur la pierre.

Gravure Pure Line, reproduite par bloc de processus.

Transfert, directement de la plaque gravée sur la pierre.

Pour celui qui est habile en dessin, et qui a un peu de loisir et d'enthousiasme pour le travail, L'EAU-FORTE offre un champ délicieux pour l'exercice de l'esprit artistique. Il n'y a pas de difficultés techniques qui ne puissent être surmontées par du soin et de la patience. Les quelques outils et appareils nécessaires ne sont pas coûteux, si l'on excepte la presse à imprimer sur cuivre.

Il existe différents genres ou méthodes de gravure, dont il suffit de considérer les six variétés principales, à savoir :

- (1) GRAVURE AU TRAIT.

- (2) GRAVURE.

- (3) GRAVURE SUR SOL MOU.

- (4) GRAVURE AQUATINTE.

- (5) GRAVURE MANIÈRE MANIÈRE NOIRE.

- (6) GRAVURE AU POINTILLÉ.

Les caractéristiques distinctives de toutes les gravures sur plaque de cuivre et sur plaque d'acier consistent en ce que les lignes ou les traits composant le dessin sont découpés ou labourés dans la surface du métal avec un outil fin appelé graveur, gravés ou corrodés avec de l'acide ou par d'autres moyens. Une *impression* est obtenue en remplissant les lignes ainsi réalisées avec une encre spéciale composée d'une huile siccative et d' un pigment de couleur . Pendant le processus d'encrage, la plaque est maintenue au chaud, l'encre superflue étant essuyée avec un gros chiffon de mousseline et rendue parfaitement propre. La plaque, placée dans le lit mobile de la presse à plaques de cuivre, est recouverte d'une feuille de papier légèrement humide ; en tournant la presse, elle est soumise à une pression telle qu'elle force le papier à entrer dans les lignes ; par ce moyen, l'encre est transférée sur le papier et le résultat est une impression ou *une épreuve* .

PRESSE À IMPRIMER SUR PLAQUE DE CUIVRE.

Transfert, directement de la plaque gravée sur la pierre.

1.—GRAVURE EN LIGNE.

La majorité des ex-libris antérieurs sont gravés ou entièrement découpés dans la plaque par le graveur, et peuvent à juste titre être qualifiés de *gravure au trait par excellence* .

Comme premiers exemples de ce style de travail, nous sommes en mesure de donner des reproductions de plusieurs ex-libris, à savoir Kress de Kressenstein , par Hans Troschel , 1699 , p. 28 ; la planche de portrait de Samuel Pepys , par Robert White, p. 31 ; deux planches gravées par Hogarth , pp. 40-41. L'Ex Libris de WILLIAM COWPER , greffier des Parlements ; ÉDOUARD LOVEDEN LOVEDEN ; ——Barrow ; _ et POULE ˠ JAM ˢ PYE , illustrent également la qualité du *travail au trait* ou au graveur seul. Les exemples intercalés dans le texte portent leur propre explication.

Comme exemples modernes de ce style, nous sommes en mesure de citer plusieurs variétés caractéristiques : l'intérieur de la bibliothèque de WHK Wright, par JE Wood, de Plymouth, et un numéro conçu par l'écrivain et gravé par Marcus Ward & Co., Limited, imprimé par lithographie . - qui seront tous utiles comme clés du style de traitement des travaux de gravure seuls et en combinaison avec la gravure.

Parmi les principaux représentants de cet art, on peut citer le nom de CW Sherborn, qui est un *princeps facile* en tant que graveur de sujets héraldiques. Une de ses plus petites œuvres, gravée au trait pur, apparaît en face de la page 27, la délicate plaque d'écusson de R. Day, FSA , *imprimée directement à partir de la plaque de cuivre* ; un vieux toast préféré , une allusion ludique aux ailes de l'écusson, faisant office de devise.

2.—GRAVURE.

Cette méthode admet une plus grande liberté de manipulation que les travaux plus graves. Le dessin est dessiné à travers un sol résistant avec la pointe de gravure, et les lignes exposées à la surface du cuivre sont corrodées à la profondeur requise avec de l'eau-forte, la finition du travail étant généralement effectuée au graveur.

Transfert, directement de la plaque gravée sur la pierre.

Gravure sur Cuivre reproduite par bloc de procédé.

De la collection de WHK Wright.

Le lissage mécanique ou *la teinture* sont maintenant très utilisés en conjonction avec la gravure au trait et l'eau-forte, pour les teintes uniformes des ciels et des surfaces planes dans les travaux picturaux, et pour les lignes symboliques désignant les teintures en héraldique, dont plusieurs exemples sont donnés.

Les plaques d'acier étaient utilisées pour graver des travaux très fins ou lorsqu'il fallait imprimer un grand nombre de copies à partir de la plaque. Tout avantage sur le cuivre que possédait autrefois l'acier est désormais neutralisé par le procédé connu sous le nom de *revêtement d'acier* , c'est-à-dire le revêtement de la plaque de cuivre avec un dépôt électrolytique de fer.

L'impression sur cuivre, comme on l'appelle, bien que donnant le résultat le plus parfait, est lente et fastidieuse et nécessairement coûteuse. Une méthode d'impression beaucoup plus rapide, la lithographie, est maintenant très utilisée, les transferts de la plaque gravée étant posés sur la pierre lithographique et imprimés à partir de celle-ci, la plaque originale étant conservée intacte. (Voir exemples sous Lithographie) .

Deux gravures sur cuivre de Bewick , reproduites par bloc de processus.

De la collection de WHK Wright.

Quelques premiers exemples de plaques gravées sont donnés. La conception de l'urne de Charles Bragge , Armorial Landscape et Bewickian Landscape montre le caractère et la manipulation du travail gravé par opposition à la gravure au trait. D'autres exemples illustrent la combinaison des travaux *de ligne* , *de gravure* et *de décision machine* .

3.—GRAVURE SUR SOL DOUX.

Un style de travail très charmant, très utilisé par Bartolozzi et d'autres graveurs de son époque, mais aujourd'hui totalement hors d'usage. Un ex-libris approprié gravé de cette manière n'apparaissant pas dans le temps, le bel exemple actuel du style a été choisi pour illustrer le caractère de l'œuvre, qui ressemble beaucoup à un dessin à la craie et, pour cette raison, présente des difficultés considérables dans le mode de reproduction par le procédé en demi-teinte. Le résultat réussit cependant à un degré remarquable à traduire la texture particulière de l'original.

Transfert, directement de la plaque gravée sur la pierre.

Deux gravures sur cuivre de Bewick , reproduites par bloc de processus.

De la collection de WHK Wright.

Le dispositif allégorique représente la déesse Cybèle, « mère de cent dieux », couronnée d'une tourelle, debout sur un rocher isolé dans la mer, tendant un rameau d'olivier et avec son attribut le gouvernail, comme guide et directrice des destinations. des villes et des États ; de jeunes figures représentant les arts et les sciences, qui font la gloire d'un État, s'ébattent dans les nuages.

Bien qu'il ne soit pas initialement destiné à un ex-libris, un ami souhaite l'adopter, avec la devise de Virgile : « _Fato prudentia major_ » — pour dire intimement que, à son avis, la prudence est supérieure au destin.

4.—GRAVURE AQUATINTE.

Style de travail ayant l'apparence d'un dessin à l'encre de Chine , et fréquemment utilisé par les artistes en association avec l'eau-forte, pour donner du corps et de la consistance aux teintes. Un admirable exemple de cette combinaison de gravure et d'aquatinte est le charmant ex-libris de l'honorable Leicester Warren, par W. Bell Scott, bien connu des collectionneurs. Il ne se prête cependant pas bien à la reproduction.

Transfert, directement de la plaque gravée sur la pierre.

La texture, qui peut être plus ou moins fine, est obtenue sur la plaque par une solution de résine (dissoute dans de l'alcool pur) que l'on verse sur la surface ; à mesure que l'alcool s'évapore, il laisse la résine sous forme de minuscules particules isolées adhérant à la plaque. Le dessin est tracé ou reporté dessus, les lumières les plus hautes sont « *bouchées* » avec du vernis de graveur. On procède ensuite à la gravure (ou morsure à l'acide) ; des arrêts et des gravures répétés sont effectués à mesure que les nuances les plus profondes sont obtenues.

5.—GRAVURE MEZZOTINT.

Produit en rendant rugueuse la surface de la plaque par un outil à bascule, et en obtenant les lumières et les nuances par grattage et brunissage. Rarement utilisé pour de petits travaux, mais largement utilisé en combinaison avec les Nos. 1 et 2 pour les impressions et les photos. Le petit tirage français de la Vierge à l'Enfant, reproduit par quadrichromie à la planche, représente assez bien le caractère de l'œuvre. (Voir l'exemple sous « Blocs de processus en demi-teintes ».)

6.—GRAVURE POINTILLÉE.

Réalisé avec le graveur ou autre outil, qui est géré de manière à produire les teintes par petits points. Cette méthode est très utilisée pour la statuaire et pour les portraits en particulier, le reste du tableau étant généralement exécuté par certaines des autres méthodes, nos. 1 et 2 surtout.

Transfert, directement de la plaque gravée sur la pierre.

Gravure sur Cuivre, reproduite par bloc de procédé.

Presse d'impression lithographique.

LITHOGRAPHIE.

LA LITHOGRAPHIE , en tant qu'art moderne, ne date que de la fin du siècle dernier. L'inventeur ALOYS SENEFELDER , fils d'un acteur, est né à Munich en 1771 et y est mort le 26 février 1834. Destiné à la profession d'avocat, il fut obligé, à la mort de son père, de prendre sa retraite. de l'Université.

Dessiné sur papier transfert et transféré directement sur pierre.

Livré à lui-même à l'âge de dix-huit ans, il se tourne vers le métier de son père, mais rencontre peu de succès. Écrivant pour la scène, il éprouva des difficultés, en raison de sa pauvreté, à faire publier ses écrits, et c'est en essayant de trouver un procédé tout fait pour atteindre ce but qu'il arriva à ce que nous appelons aujourd'hui l'art de la lithographie. Senefelder a vécu pour perfectionner son art à un haut degré et le voir généraliser, mais sans lui rapporter beaucoup de profit. Depuis son époque, de nombreux progrès ont eu lieu et de nouveaux développements dans diverses directions, comme dans le bel art de la chromolithographie et de la photolithographie.

Le terme lithographie est dérivé du grec *lithos* , pierre et *grapho* , écrire. La pierre lithographique est une espèce de calcaire dont les meilleures qualités sont obtenues dans les carrières de Solenhofen , près de Munich, et de Papenheim , sur le Danube. Les pierres sont taillées en dalles ou en blocs de différentes tailles selon les travaux requis ; pour imprimer une page in-8, in-quarto, etc., jusqu'à soixante pouces sur quarante, et même plus . L'épaisseur varie d'un pouce et demi dans les plus petites tailles, à quatre ou cinq pouces dans les plus grandes. Les pierres sont meulées parfaitement au niveau du sable et de l'eau, et finies avec une pierre fine jusqu'à obtenir une surface parfaitement lisse et polie, lorsqu'elle est prête à recevoir le dessin, ou à faire transférer sur sa surface un dessin ou une écriture faite spécialement. papier préparé (*papier transfert lithographique*). Pour les dessins à la craie ou au crayon, la surface lisse de la pierre est *grainée* avec du sable argenté tamisé, ce qui donne une texture granuleuse magnifiquement uniforme, et le dessin est réalisé dessus avec de *la craie lithographique* . Pour dessiner sur la pierre lisse ou sur du papier transfert, on utilise *de l'encre lithographique* .

LE PRINCIPE QUI SOUS-TEND LE PROCÉDÉ DE LA LITHOGRAPHIE est simplement celui-ci : — La nature de la pierre est telle qu'elle retient avec une grande ténacité les substances résineuses et huileuses contenues dans l'encre ou le crayon employé pour former le dessin. La pierre lithographique absorbe également l'eau ; Ceci, combiné à l'affinité particulière entre les substances résineuses et à leur pouvoir mutuel de repousser l'eau, fait que l'encre du rouleau d'impression adhère au dessin et laisse intacte la surface humide de la pierre.

Dessiné sur papier transfert et transféré directement sur pierre.

LE PROCESSUS D'IMPRESSION LITHOGRAPHIQUE est le suivant :— Après le dessin sur la lithographie. la pierre est terminée, elle reçoit un lavage d'acide dilué et de gomme arabique , et ceci, en éliminant l'alcali de l'encre, laisse le dessin dessus sous une forme permanente, en même temps qu'il attaque une infime partie de la surface de la pierre, et la rend plus absorbante de l'eau. Après *gravure* , toute trace d'acide est éliminée avec une éponge et de l'eau, la pierre est frottée avec un *chiffon de mousseline humide* pour égaliser l'humidité de la surface, le *rouleau lithographique* chargé d' *encre d'imprimerie* est passé sur la surface, les lignes de le dessin seul prend de l'encre ; le papier est ensuite posé sur la pierre, et une copie est obtenue au moyen de la *presse lithographique* . L'amortissement de la pierre et l'encrage sont répétés à chaque impression.

L'ENCRE D'ÉCRITURE ET DE DESSIN LITHOGRAPHIQUE et LES CRAYONS LITHOGRAPHIQUES pour le dessin à la craie sur pierre sont de composition similaire, mais de proportions différentes, adaptés au type particulier de travail, la cire *blanche* , *la gomme-laque* , *le savon dur* , *le suif* et *le noir de fumée* étant les principaux. ingrédients. Pour écrire et dessiner toutes sortes de travaux au trait sur pierre ou papier transfert, l'encre est fabriquée en bâtonnets et frottée avec de l'eau jusqu'à obtenir une consistance appropriée à utiliser, et utilisée avec un stylo ou un *crayon de* sable . Pour les dessins à la craie sur une pierre grainée, l'encre est coulée sous forme de crayons et utilisée dans un port-crayon pour faciliter le dessin, en aiguisant la pointe si nécessaire.

LE DESSIN À LA CRAIE SUR PIERRE est rarement utilisé pour des petits travaux comme les ex-libris. Nous n'avons donc pas besoin d'y faire référence plus particulièrement, que de dire que l'excellence dans ce domaine de la lithographie peut être atteinte plus facilement que dans *le travail au trait fin* , pour lequel une pratique constante et un maniement très délicat des instruments, de la plume lithographique et Un crayon de sable fin est nécessaire.

Dessiné sur papier transfert et transféré directement sur pierre.

Les difficultés techniques à surmonter en lithographie sont très grandes ; pour les inexpérimentés , ils semblent insurmontables : la magie du maniement acquise grâce à une pratique prolongée de l'utilisation des matériaux, comme le montrent de bons exemples, présente un degré de compétence technique que l'amateur ne peut espérer rivaliser. Dessiner avec la *plume* ou *le petit crayon de sable* avec le degré de finesse de trait requis par l'expert, et avec la précision et la liberté apparente de l'artiste accompli, est une chose difficile à réaliser. Ceci constitue un désavantage pour les artistes en général, qui sont obligés de confier la traduction de leurs dessins au lithographe professionnel – pas toujours avec un résultat satisfaisant (!)

DE PAPIER GRAINÉ OU TEXTURÉ , dont il existe de nombreuses variétés spécialement réalisées avec une surface crayeuse pour *la photolithographie* , sur lequel l'artiste réalise son dessin à la craie litho ou à la mine de plomb appropriée. Comme la pointe du couteau peut être utilisée pour gratter les lumières sur la surface crayeuse, elle permet un travail très efficace pour les illustrations picturales. Un transfert photolitho est ensuite gravé dans la pierre, ou un *bloc de traitement* est fabriqué à partir de celui-ci, selon les besoins. Les dessins réalisés sur ce papier texturé préparé avec de la craie lithographique peuvent également être transférés directement sur la pierre et imprimés. Une beauté et une finesse extrêmes sont cependant gagnées par la photo-réduction.

De très beaux Ex Libris picturaux et héraldiques ont été exécutés par le procédé lithographique, difficilement distinguables de la gravure sur planche.

LES PLAQUES GRAVÉES peuvent comporter des transferts extraits et imprimés à partir de pierre. De nombreux exemples, accompagnés de titres explicatifs, sont donnés des différents modes de *reproduction lithographique et photolithographique* .

Dessiné sur papier transfert et transféré directement sur pierre.

CHROMO-LITHOGRAPHIE.

On rencontre quelques exemples très délicats d'Ex Libris blasonnés dans des teintures héraldiques, très charmants à leur manière, principalement allemands. La couleur dans l'héraldique des ex-libris n'a pas trouvé la même faveur dans ce pays que sur le continent ; pour quelle raison c'est difficile à comprendre. Grâce à l'aimable autorisation de M. RS Mansergh , Friarsfield , co. Tipperary, nous sommes en mesure d'imprimer comme frontispice la planche nouvellement conçue par l'écrivain et exécutée par MM. Marcus Ward & Co., de Belfast.

PHOTOLITHOGRAPHIE.

La photolithographie est maintenant si largement employée pour la reproduction de toutes sortes d'œuvres que quelques mots d'explication peuvent être très souhaitables. Le processus est de nature quelque peu technique, mais la simplicité elle-même une fois comprise ! Elle est fondée sur le fait que *la gélatine* , grâce à l'ajout d'un certain produit chimique, est rendue insoluble lors de l'exposition à la lumière.

Une photographie négative du dessin original en traits noirs ayant été prise par la plaque *humide* ou au collodion, elle est intensifiée au degré requis, de sorte que les lignes du dessin apparaissent parfaitement nettes sur un film noir dense et opaque. Il est ensuite « exposé » dans le cadre d'impression, sur du papier enduit (dans l'obscurité) de la gélatine préparée , désormais extrêmement sensible à la lumière. Sorti du cadre d'impression dans la chambre noire, l'impression exposée (qui ne montre pratiquement aucune trace du dessin à ce stade) est ensuite recouverte d'un mince film ou d'une couche d'encre de transfert d'imprimante. *Les lignes exposées à la lumière ont été rendues insolubles* , tandis que le fond blanc du dessin protégé par le négatif est encore à l'état soluble. Flottant dans un bain d'eau tiède, la gélatine soluble (non influencée par la lumière), recouverte d'encre, est emportée par lavage, les lignes insolubles du dessin restant seules, recouvertes d'encre de transfert d'imprimante. Ce « *photo-transfert* » est alors prêt à être déposé sur la pierre lithographique et imprimé, ou il peut être transféré sur une plaque de zinc polie et gravé à la profondeur requise sous forme de bloc pour l'impression de caractères.

Dessiné directement sur la pierre, avec une règle mécanique ajoutée.

DESSIN POUR PHOTO-LITHO ET POUR BLOCS DE LIGNES DE PROCESSUS.

L'invention de la photolithographie permet à l'artiste de réaliser ses propres dessins ou dessins en noir et blanc à plus grande échelle (généralement un tiers ou la moitié plus grand que nécessaire), qui seront photolithographiés à la taille requis, préservant ainsi intactes chaque touche et flexion de ligne dans l'original et, par la réduction, obtenant une finesse de ligne et une beauté de finition que l'artiste ne pouvait pas produire lui-même sur la taille réduite. LA RÈGLE MACHINE peut ensuite être transférée dans le dessin lorsqu'il se trouve sur la pierre, comme dans certains des dessins des exemples ci-joints.

« *blocs de processus* », qui reproduisent si admirablement toutes sortes de dessins et de gravures, sont, lorsqu'ils sont soigneusement imprimés, parfois très difficiles à déceler à partir de lithographies directes.

Roi d'armes d'Ulster.

Dessin à la plume et à l'encre du révérend Wm. FitzGerald,
reproduit par bloc de processus. Beaucoup réduit.

BLOCS DE PROCESSUS.

LIGNE DE TRAVAIL.

IL existe un certain nombre de procédés qui ont été mis en service avec plus ou moins de succès, tels que le Graphotype, le type Dallas, etc., auxquels il n'est pas nécessaire de se référer, car à toutes fins pratiques, la gravure au zinc tient le coup. tous les autres, soit pour LES BLOCS DEMI-TONS , soit pour LES BLOCS LIGNES de toutes sortes, dont un certain nombre d'exemples sont donnés ici, avec un titre explicatif pour chaque spécimen.

Pour les travaux les plus raffinés, la photogravure ou héliogravure, imprimée par presse à plaques de cuivre, remporte la palme, mais elle a l'inconvénient d'être très coûteuse. Ceux qui désirent en savoir plus sur les divers procédés utilisés peuvent se référer à un très excellent volume dans la « Book Lovers' Library » — « MODERN METHODS OF ILLUSTRATING BOOKS », par H. Trueman Wood, MA , secrétaire de la Society of Illustrating Books. Arts, et publié par Elliot Stock.

Dessin à la plume et à l'encre, reproduit par bloc de processus.
Légèrement réduit.

Dessin à la plume et à l'encre reproduit par
photo-lithographie.

Ces méthodes modernes constituent un moyen très important et précieux de produire des illustrations à des fins d'impression. Grâce à leur aide, n'importe quelle photographie, dessin, dessin ou gravure de toute sorte peut être traduit en bloc, et avec un tel succès que, avec des sujets appropriés, il est souvent à peine possible de distinguer l'original de la copie ; et non seulement ils permettent de produire des blocs de surface avec une grande rapidité et à peu de frais, mais ils donnent des blocs capables de produire des effets qui ne pourraient pas être obtenus du tout par des gravures sur bois, ou, le cas échéant, seulement à grands frais.

De nombreux artistes ont salué avec enthousiasme le procédé de gravure au zinc, car grâce à lui, ils obtiennent un *fac-similé parfait* de leur œuvre, plus particulièrement du dessin à la plume et à l'encre, qui ne pourrait jamais être reproduit par aucune autre méthode avec la même précision et la même délicatesse. finition que donne le procédé du zinc, et qui ne pourrait pas être un *fac-similé absolu par la gravure sur bois* .

Dessin à la plume et à l'encre,
reproduit par bloc de processus. Légèrement réduit.

Dessin à la plume et à l'encre reproduit par
photo-lithographie.

Dessin à la plume et à l'encre, reproduit par bloc de processus.
(Même taille.)

M. Carl Hentschel , chef d'une éminente firme de photograveurs, à qui nous nous sommes adressés pour nous renseigner sur certains points de la manipulation de son procédé, nous a courtoisement fait quelques déclarations très intéressantes sur le développement de la gravure du zinc. Il dit que le procédé de gravure sur zinc a été introduit en Angleterre il y a environ trente ans, mais qu'il n'a pas vraiment « pris de l'ampleur », comme diraient les Yankees, avant vingt ans ; et on n'y attachait aucune valeur réelle au point de vue commercial jusqu'à il y a environ douze ans, lorsque, comme nous l'assure M. Hentschel , le système qu'il a adopté a permis d'avoir des blocs de toutes sortes pour les journaux, les livres, les revues, et des revues de toutes sortes produites dans des délais tels que leur livraison pouvait être fiable pour la publication la plus urgente, et, alors seulement, les vastes possibilités du procédé du zinc commencèrent à apparaître aux éditeurs, et bientôt la méthode fut progressivement adoptée à toutes fins. de gravure. On peut se faire une idée de l'ampleur de son utilisation par le fait que cette entreprise, à elle seule, livre chaque semaine environ trois mille blocs pour diverses publications dans tout le pays, et même dans la lointaine Inde, où les plaques de de nombreux ouvrages pédagogiques ont été expédiés par cette entreprise entreprenante. Pour suivre le rythme des exigences de l'époque, il s'est avéré récemment nécessaire d'augmenter considérablement les installations pour l'exécution de blocs en demi-teinte, en utilisant la puissance du moteur jusqu'à quarante chevaux pour la production de la lumière électrique, essentielle pour cela. branche de l'entreprise, de sorte qu'à cet égard, ils sont pratiquement indépendants de la lumière du soleil. En cas d' urgence , il n'est pas inhabituel de livrer des blocs en demi-teintes en cinq à sept heures, et le travail en ligne, des transferts, en une heure et demie, et dans le cas de devoir photographier le sujet, en deux heures et demie à trois heures. . Cela aurait été impossible sous l'ancien système, en se fiant à la lumière du jour, et ce fait, associé à un coût moins élevé, a donné une impulsion au journalisme illustré dont on aurait difficilement pu rêver sous l'ancien *régime* .

Dessin à la plume et à l'encre, reproduit par bloc de processus.
Légèrement réduit.

Sous le thème de la photolithographie, l'étape initiatique de la réalisation de ce que l'on appelle les « blocs de processus » a été expliquée, à savoir la réalisation du transfert de photos à partir du dessin original - à l'encre d'imprimerie - pour le transfert sur la pierre lithographique et imprimé. Le zinc métallique possède des propriétés identiques ou similaires à celles de la pierre lithographique et peut être utilisé pour imprimer de la même manière. Le terme zincographie est appliqué au processus, bien qu'il soit pratiquement identique à la lithographie.

Dessiné à la plume et à l'encre, reproduit par bloc de processus.

Convertir le dessin sur la plaque de zinc en un bloc en relief à imprimer avec des caractères n'est qu'une étape supplémentaire : protéger les lignes du dessin sur la plaque de zinc, de manière à résister à l'action corrosive de l'acide, et en gravant la plaque, produire un bloc en relief. A cet effet, une substance résineuse ou bitumineuse est introduite dans la composition de l'encre d'impression. Nous avons donc ici les lignes du dessin dans un matériau résistant aux acides sur la surface d'une plaque métallique extrêmement sensible à l'action des acides. Si la plaque préparée est maintenant placée dans un bain d'acide, toute la surface du zinc, à l'exception des lignes protégées, sera gravée ou dissoute, laissant le dessin dans son intégrité, les lignes se dressant en relief : la plaque gravée Il ne reste plus qu'à être monté sur bois à la hauteur des caractères pour être prêt à être utilisé par l'imprimeur.

Dessin à la plume et à l'encre, reproduit par bloc de processus.

Dessin à la plume et à l'encre reproduit par photo-lithographie.

Tel est un bref aperçu du processus de production des BLOCS DE LIGNE . Le dessin peut être apposé sur la plaque métallique de l'une des manières suivantes : -

- (*a*) Par dessin direct sur la plaque de zinc.

- (*b*) Par un dessin sur papier transfert sur zinc ou pierre.

- (*c*) Par transfert d'un transfert de photo.

- (*d*) Par transfert à partir d'une plaque gravée.

- (*e*) Par transfert à partir d'une pierre lithographique.

- (*f*) Par photographie directe sur zinc.

On dit que l'ouvrage le plus parfait est obtenu par cette dernière méthode. Il existe de nombreuses difficultés techniques à rencontrer dans la mise en œuvre du procédé, difficultés qui l'ont maintenu pendant vingt ans au stade expérimental et de peu d'utilité pratique, car, par exemple, après avoir attaqué la plaque pendant une courte période, l'acide a tendance à mordre latéralement aussi bien que verticalement, et ainsi miner et affaiblir les lignes destinées à rester debout. Ceci est évité par certains photograveurs en utilisant certains produits chimiques, et d'autres par une manière ingénieuse de travailler par gravure par étapes. Cela se fait en réencrant et en saupoudrant de bitume, en chauffant la plaque après chaque « gravure », ce qui a pour effet de faire fondre et d'étaler l'encre résineuse ou bitumineuse sur la face, et légèrement sur les côtés des traits. Un travail réussi ne s'obtient qu'en prêtant attention aux diverses manipulations techniques délicates, que seule l'expérience peut apporter.

Dessin à la plume et à l'encre, reproduit par bloc de processus.

Reproduit par bloc de traitement en demi-teinte,
à partir d'un croquis monochrome, de taille réduite.

BLOCS DE PROCESSUS DEMI-TONS.

Le sujet, qu'il s'agisse d'un dessin, d'une gravure, d'une peinture ou d'un tirage photo, doit dans chaque cas être photographié pour obtenir sur le négatif la texture qui est le moyen de produire les dégradés de clair et d'obscur que l'on retrouve dans le bloc fini. La théorie est assez simple, mais la pratique est extrêmement difficile et nécessite beaucoup de compétence et de soin . Un écran de verre sur lequel sont réglées des lignes croisées avec une parfaite régularité mécanique (environ soixante-dix lignes au pouce pour les gros travaux, jusqu'à deux cents lignes au pouce pour les blocs de demi-teintes très fins, selon ce qui convient le mieux au sujet en question). main). L'écran est fixé dans l'appareil photo entre l'objectif et le négatif à exposer. Les fines lignes noires de l'écran sont reproduites sur le négatif sous forme de lignes blanches, divisant l'image en une série de petits points carrés, de taille variable selon la lumière et l'ombre de l'image originale. Un transfert photo est ensuite réalisé comme expliqué précédemment. (Dans le procédé Hentschel, le secret du papier transfert préparé est en possession exclusive de M. Hentschel .) Après avoir été transférée sur le zinc et manipulée avec certains produits chimiques, la plaque est progressivement gravée jusqu'à obtention d'une profondeur suffisante. Il est ensuite découpé et monté en hauteur, prêt à être imprimé.

Dessin à la plume et à l'encre, reproduit par bloc de processus.

Dessin à la plume et à l'encre,
reproduit par bloc de processus en trois tailles.

DESSIN À LA PLUME ET À L'ENCRE.

Les dessins destinés à être reproduits par les procédés modernes de photolithographie et de photogravure peuvent être préparés de diverses manières. Le plus fréquemment utilisé est appelé DESSIN À LA PLUME ET À L'ENCRE (souvent appelé à tort « *gravure* », qui est une gravure au moyen d'un acide). Cette classe d'œuvres est la plus populaire de toutes, et la plus facilement reçue par les artistes et les amateurs ; il est traduit beaucoup plus facilement et à moindre coût que les photographies ou les dessins ombrés de toute sorte. Comme le terme l'indique, il s'exécute à *la plume* ; de nombreux artistes ont cependant une préférence pour *le pinceau* (un crayon de martre fin), qui, bien qu'il nécessite une pratique considérable pour maîtriser son utilisation, devient entre des mains magistrales un instrument précieux, capable d'effets plus grands et plus variés que la plume. Une bonne *encre noire* et *du papier ou du carton blanc et lisse* sont les indispensables. On peut en dire beaucoup sur le style ou les méthodes de dessin des différents artistes, le type ou la qualité de l'encre, les plumes et le papier à utiliser. Les valeurs relatives des lignes épaisses et fines, ouvertes et fermées, la direction des lignes, etc., dans la production du caractère varié et de la qualité d'un bon dessin expressif ; les différentes textures des surfaces — rugosité, lisse, etc. — doivent toutes être prises en compte, surtout si le dessin est réalisé à une plus grande échelle, pour être réduites lors du processus de traduction par photogravure. Nous saluons chaleureusement le manuel en shillings sur le dessin à la plume et à l'encre publié par Winsor et Newton. C'est une excellente introduction à l'art ; il donne des instructions complètes sur les meilleurs moyens de travailler et les matériaux à utiliser. [3]

APPAREIL CLUB ET EX LIBRIS.

Dessin à la plume et à l'encre, reproduit par bloc de processus.

Reproduit par bloc de procédé en demi-teinte,
à partir d'une gravure Aqua-Tint, même taille.

Pour LES BLOCS OMBRÉS DEMI-TONS, le motif peut être exécuté en lavis comme un dessin à l'encre de Chine , ou de toute autre manière. Les illustrations sont des reproductions de différents types d'originaux, comme expliqué sous chaque exemple.

MM. Carl Hentschel & Co., 182-3 Fleet Street, ont eu la gentillesse de préparer plusieurs exemples pour illustrer le processus en demi-teinte ; chaque bloc ayant été réalisé à partir d'un original exécuté de manière différente, comme l'indique le titre explicatif ; et peuvent être considérés comme des tests plutôt sévères de ce que le processus est capable. Nous sommes très obligés de ces faveurs ; Nous leur adressons également nos remerciements pour leur gentillesse et leur courtoisie en nous fournissant une grande partie des informations ci-dessus.

Dessin à la plume et à l'encre, reproduit par bloc de processus.

CONSEILS AUX COLLECTIONNEURS
D'EX LIBRIS.

Distinguer comment un ex-libris
a pu être produit.

Une lithographie ou une photolithographie se distingue d'une gravure sur bois, ou d'une gravure sur cuivre, par les éléments suivants : Par la qualité des lignes, qu'elles soient *taillées* par le graveur ou *gravées* sur cuivre ; *dessiné à la plume* ou au *crayon de sable fin* . Chacun a un caractère de manipulation et une manière qui lui est propre permettant de le reconnaître . Une petite observation d'exemples admis à l'aide d'une loupe puissante résoudra généralement ce problème.

EX-LIBRIS.

Reproduit par bloc de traitement en demi-teintes, de
Coloured Design for Stained Glass Window.

LA DIFFÉRENCE ENTRE
LES LIGNES GRAVÉES OU COUPÉES ET LES LIGNES GRAVÉES.

Les lignes coupées au graveur sont invariablement lisses et régulières et ont un aspect argenté clair ; dans les lignes ou coupes isolées, on remarquera que le début des lignes est plus fin là où le graveur est entré que là où il s'arrête. Les lignes gravées, au contraire, n'ont pas le même caractère rigide et lisse que celles taillées au burin ; et là où une plus grande résistance de la ligne est obtenue, c'est par une gravure plus profonde avec le bain acide, et en cela la différence dans la qualité de la ligne est plus perceptible.

POUR DISTINGUER UNE IMPRESSION
DE LA PLAQUE.

Dans une *gravure sur plaque*, les lignes sont légèrement *en relief* (et, si elles sont fortement gravées, ou si le papier est fin, observables au dos). Un doigt sensible détectera les lignes en relief plus fortes de la gravure. *La marque de la plaque* , à moins qu'elle ne soit coupée, la trahit aussi ; la planche gravée de M. Sherborn , en face de la page 27, l'illustrera.

POUR DISTINGUER UNE GRAVURE SUR BOIS
OU UN BLOC DE PROCESSUS EN LIGNE.

Dans un bloc, les lignes du dessin sont légèrement *en retrait* dans le papier, qui apparaît au dos de l'impression (à moins qu'elles ne soient soigneusement déroulées sous une forte pression). Une observation attentive à la loupe montrera que les bords des lignes sont légèrement rugueux – l'encre de la face de la ligne étant pressée sur le bord ; dans une bonne impression, cela n'est pas si évident. Une faiblesse de presque tous les blocs de processus est que les bords des teintes fines et les lignes fines périphériques ont tendance à s'imprimer plus lourdement qu'ils ne le devraient, à moins d'être travaillés avec beaucoup de soin.

POUR DISTINGUER UNE LITHOGRAPHIE.

Dans une *lithographie,* la surface du papier est parfaitement lisse et ne présente aucune indentation. Les exemples de plaques gravées imprimées sur pierre et la litho. et des photolithographies imprimées à l'encre brune serviront à illustrer les qualités de la lithographie. Si elles ne sont pas bien imprimées, les lignes fines ont tendance à paraître faibles et pourries, ou à devenir épaisses et floues, soit par transfert sur la pierre, soit par trop d'encre sur le rouleau d'impression.

EX LIBRIS VINICOMBE BEY,
Colonel d' Artillerie Tophané , Constantinople .

Exemple de gravure sur sol mou : reproduite
par bloc de traitement en demi-teinte.

"AU REVOIR."

AYANT maintenant répété, je l'espère de manière claire et concise, les différentes manières par lesquelles Ex Libris sont et ont été produits, et ayant révélé autant de secrets commerciaux que le permettait l'espace limité disponible, je vous prie de remercier le Conseil de la Société Ex Libris . pour l'autorisation de réimprimer à partir des pages du *Journal* la série d'articles sur le sujet - maintenant quelque peu élargie - et pour l'utilisation des blocs par lesquels ils étaient illustrés. À M. WHK Wright, FRHist.Soc . , le compétent rédacteur et secrétaire de la Société Ex Libris (à qui tous les collectionneurs sont infiniment redevables), mes remerciements sont dus pour son aide et ses conseils précieux ; et sur les épaules de qui j'ai maintenant posé l'obligation supplémentaire d'une préface. En guise de faveur particulière , j'ai demandé que sa plaque « intérieur de bibliothèque » apparaisse. Une faveur similaire que j'ai désirée de la part d'Arthur Vicars, FSA , *roi d'armes d'Ulster* , à qui je dédie ce petit livre. À l'exception de ces deux « intérieurs de bibliothèque » et de la plaque d'écusson de R. Day , FSA , par Sherborn, tous les dessins Ex Libris modernes imprimés ici ont été réalisés par, ou sous la supervision de, l'écrivain, et exécutés par Marcus. Ward & Co., Limited, que je remercie chaleureusement pour leur aimable coopération, en particulier pour l'impression des spécimens lithographiés et l'utilisation de blocs supplémentaires. Je dois également remercier plusieurs amis personnels qui ont eu la gentillesse de me prêter leurs plaques de cuivre et leurs blocs de traitement.

JOHN VINYCOMB , AMR .

Notes de bas de page :

[1] « Histoire et pratique de la gravure sur bois » de Jackson ; « Essai sur l'Histoire de la Gravure sur Bois » de Firmin Didot ; « Le livre, ses imprimeurs, illustrateurs et relieurs », par Henri Bouchot ; « Gravure sur bois : un manuel d'instruction », par WJ Linton.

[2] « L'art de la gravure expliqué et illustré, avec des remarques sur les procédés alliés de la pointe sèche, de la manière noire et de l'aquatinte. » Par HR Robertson, membre de la Society of Painter-Etchers ; Auteur de « Life on the Upper Thames », etc. Winsor and Newton, Limited, 38 Rathbone Place, Londres.

[3] «L'art du dessin à la plume et à l'encre, communément appelé gravure.» Par HR Robertson, membre de la Society of Painter-Etchers, auteur de « The Art of Etching », etc. Winsor & Newton, Limited, Londres.